Picos y Valles

Spencer Johnson, M.D.

ATRIA ESPAÑOL
Una división de Simon & Schuster, Inc.
Nueva York Londres Toronto Sídney

ATRIA ESPAÑOL
Una división de Simon & Schuster, Inc.
1230 Avenida de las Américas
Nueva York, NY 10020

Traducción de Santiago Ochoa.

Primera edición en cartoné de Atria Español, mayo 2009

ATRIA ESPAÑOL y su colofón son sellos editoriales de Simon & Schuster, Inc.

Para obtener información respecto a descuentos especiales en ventas al por mayor, diríjase a Simon & Schuster Special Sales al 1-866-506-1949 o a la siguiente dirección electrónica: business@simonandschuster.com.

La Oficina de Oradores (Speakers Bureau) de Simon & Schuster puede presentar autores en cualquira de sus eventos en vivo. Para más información o para hacer una reservación para un evento, llame al Speakers Bureau de Simon & Schuster, 1-866-248-3049 o visite nuestra página web en www.simonspeakers.com.

Diseñado por Nancy Singer

Impreso en los Estados Unidos de América

10 9 8 7 6 5 4 3 2 1

Library of Congress Cataloging-in-Publication Data

Johnson, Spencer.
Picos y valles : cómo sacarle partido a los buenos y malos momentos —en el trabajo y en la vida / Spencer Johnson.
p. cm.
1. Success in business. 2. Success. I. Title.
HF5386.J645 2009
650.1—dc22 2009003938

ISBN-13: 978-1-4516-4100-4

«El verdadero viaje del descubrimiento no consiste en ver nuevos paisajes, sino en tener nuevos ojos».

—Proust

«La esencia del conocimiento es saber utilizarlo».

—Confucio

Contenido

Antes de la historia

A comienzos de una noche lluviosa en Nueva York, Michael Brown se apresuró a encontrarse con alguien de quien un amigo le había dicho que podía ayudarle en el momento difícil que estaba atravesando. Cuando entró al pequeño café, no tenía la menor idea de lo valiosas que serían las próximas horas.

Se sorprendió cuando vio a Ann Carr. Había escuchado que Ann había vivido algunos momentos difíciles y creía que esto se reflejaría en su aspecto. Sin embargo, Ann parecía optimista y llena de energía.

Después de una conversación preliminar, él le dijo:

—Pareces estar bien a pesar de los malos tiempos que, entiendo, has vivido.

Ella respondió:

—*Estoy* bien, tanto en mi trabajo como en mi vida. Pero no a pesar de los malos tiempos, sino *debido* a ellos y a la forma en que aprendí a aprovecharlos.

Michael estaba intrigado: —¿Cómo así? —preguntó.

—Bueno; por ejemplo, en el trabajo, creí que mi departamento estaba funcionando bien, pero realmente no era así. Habíamos tenido éxito, pero nos habíamos vuelto complacientes. Y cuando nos dimos cuenta de ello, otras compañías estaban logrando resultados mucho mejores que los nuestros. Mi jefe se disgustó mucho conmigo.

Fue entonces cuando empecé a sentirme deprimida, y comenzó la presión para mejorar las cosas. Cada día se hizo más estresante.

Michael le preguntó: —¿Qué sucedió entonces?

Ella respondió: —Un compañero al que yo admiraba me contó una historia el año pasado. Me hizo cambiar la forma en que yo veía los momentos buenos y los malos; ahora mi actitud es muy diferente. Esta historia me ayudó a ser más exitosa, independientemente de que las cosas vayan bien o no, incluso en mi vida personal. Nunca la olvidaré.

—¿Cuál es la historia?

Ann guardó silencio por un momento, y luego dijo:

—¿Puedo preguntarte por qué quieres escucharla?

A Michael le costó aceptar que no se sentía muy seguro en su trabajo, y que su situación familiar no era la mejor.

No tuvo que decir nada más. Ann sintió su incomodidad, y dijo:

—Tal parece que tienes la misma necesidad de oír la historia que tuve yo.

Ann dijo que le contaría la historia siempre y cuando él la compartiera con otras personas si le parecía valiosa. Él estuvo de acuerdo, y Ann preparó a Michael para lo que iba a escuchar.

—Descubrí que si quieres utilizar la historia para enfrentar los altibajos que se te presentan en la vida, es necesario que escuches con tu corazón y tu mente, y completes la historia con tu propia experiencia a fin de ver lo que es cierto para *ti*.

Las enseñanzas de la historia a menudo se repiten, aunque de formas ligeramente diferentes.

Michael le preguntó: —¿Por qué se repiten?

Ella respondió: —Así puedo recordarlas con mayor facilidad y sacarles más provecho.

Ann reconoció: —Yo suelo ser reacia al cambio, y por eso necesito escuchar algo nuevo con frecuencia, de modo que penetre en mi mente crítica y desconfiada, se haga más familiar, y me llegue al corazón. Sólo entonces se hace parte de mí. Eso fue lo que me sucedió después de haber pensado mucho en la historia. Es algo que puedes descubrir por ti mismo si así lo quieres.

—¿Realmente crees que una historia puede marcar una diferencia tan grande? —le preguntó Michael—. Actualmente estoy en una situación muy difícil.

Ann le respondió: —En ese caso no tienes nada que perder. Lo único que puedo decirte es que cuando apliqué lo que entendí de la historia, tuvo un impacto muy positivo en mi vida. Algunas personas —advirtió ella—, sacan muy pocas enseñanzas de la historia, mientras que otras sacan muchas. No es la historia en sí sino las enseñanzas que saques de ella lo que la hace tan poderosa. Y por supuesto, eso depende de ti.

Michael asintió.

—De acuerdo. Creo que realmente me gustaría oírla.

Entonces Ann comenzó a contarle la historia mientras cenaban, y continuó durante el postre y el café.

Ella comenzó:

La historia de los

picos y valles

1

Sentirse mal en un valle

Había una vez un joven brillante que vivía triste en un valle, hasta el día en que fue a visitar a un anciano que residía en una cumbre.

Cuando era más pequeño, el joven había sido feliz en su valle; había jugado en sus praderas y nadado en el río.

El valle era lo único que había conocido, y creyó que pasaría toda su vida allí.

En el valle, algunos días eran nublados y otros soleados, pero su rutina diaria tenía una uniformidad que a él le parecía reconfortante.

Sin embargo, a medida que creció, comenzó a percibir más lo que estaba mal que lo que estaba bien. Se preguntó por qué anteriormente no se había dado cuenta de todas las cosas que estaban mal en el valle.

A medida que transcurrió el tiempo, el joven se sintió cada vez más triste, aunque no sabía por qué.

Intentó trabajar en varios oficios en el valle, pero ninguno correspondió a sus expectativas.

En uno de sus trabajos, el jefe parecía criticarlo siempre por lo que hacía mal, y nunca notaba todo lo que hacía bien.

En otro, eran tantos los empleados que no parecía importarle a nadie si él trabajaba mucho o poco. Su contribución parecía invisible, incluso para él mismo.

En una ocasión pensó que finalmente había encontrado lo que quería. Se sintió apreciado y desafiado, trabajó con colegas competentes, y se sintió orgulloso del producto de la compañía. Ascendió hasta ser el administrador de un pequeño departamento.

Desafortunadamente, sintió que su trabajo no era seguro.

Su vida personal no era mejor, y a una decepción parecía seguirle otra.

Pensó que sus compañeros no entendían, y sus familiares le dijeron que «simplemente estaba pasando por una etapa».

El joven se preguntó si estaría mejor en otro lugar.

En algunas ocasiones permanecía en la pradera y observaba la cadena de cumbres majestuosas que se elevaban sobre el valle.

Se imaginaba a sí mismo en la cima cercana.

Por un momento se sintió mejor.

Pero mientras más comparaba las cumbres con el valle, peor se sentía.

Les dijo a sus padres y amigos que quería escalar una cima, pero ellos le replicaron que era muy difícil llegar a ella, y que era más cómodo que permaneciera en el valle.

Todos lo disuadieron de ir allá, adonde ninguno de ellos había ido.

El joven amaba a sus padres y sabía que había mucha verdad en lo que decían, pero también sabía que él era diferente a su padre y a su madre.

Algunas veces sentía que la vida sería diferente lejos del valle, y él quería descubrirla por sus propios medios. Tal vez en la cumbre pudiera tener una mejor visión del mundo.

Pero volvió a sentir miedo y dudas, y concluyó que debía permanecer donde estaba.

El joven pasó un largo rato sin decidirse a abandonar el valle.

Pero un día, recordó su infancia y comprendió lo mucho que había cambiado. Ya no se sentía en paz consigo mismo.

No estaba seguro por qué su mente había cambiado, pero decidió que tenía que subir a la cima de la montaña.

Dejó el miedo a un lado y se preparó para salir a la mayor brevedad posible. Luego se dirigió a aquella cumbre.

No fue un viaje fácil. Se demoró más de lo que se esperaba sólo para llegar a medio camino.

Y a medida que el joven ascendía, se sintió revitalizado por la brisa y el aire fresco. Desde las alturas, su valle parecía más pequeño.

Cuando estaba en el valle, el aire le había parecido limpio. Pero cuando observó el valle desde arriba, vio un aire pálido y oscuro que permanecía atrapado allí.

Entonces se dio vuelta y continuó subiendo. Mientras más ascendía, más cosas podía ver.

Súbitamente, el sendero que estaba recorriendo llegó a su fin.

Como ya no podía seguir ningún camino, se perdió entre la espesa arboleda que impedía el paso de la luz. Lo asustó la posibilidad de no encontrar una salida.

Decidió atravesar un risco estrecho y peligroso, pero se cayó. Se levantó herido y sangrando, y reanudó la marcha.

Finalmente encontró un sendero.

Recordó las advertencias que le habían hecho los habitantes del valle. Pero se armó de valor y continuó ascendiendo.

Mientras más subía, más feliz se sentía, sabiendo que dejaba el valle y sus miedos atrás.

Se dirigía a un lugar nuevo.

A medida que se elevaba sobre las nubes, comprendió que era un día hermoso y se imaginó cómo se vería el ocaso del sol desde la cima. Sentía mucha impaciencia por verlo.

2

Encontrar las respuestas

A pesar de su entusiasmo, el joven sólo llegó a la cumbre cuando ya había oscurecido. Se sentó y renegó:

—¡Me lo perdí!

Una voz le preguntó en la oscuridad: —¿De qué te has perdido?

Sorprendido, el joven se dio vuelta y vio a un anciano sentado sobre una roca grande a pocos pies de distancia.

El joven tartamudeó: —Lo siento, no te había visto. Me perdí la puesta del sol desde la cumbre. Me temo que esa es la historia de mi vida.

El anciano sonrió y dijo: —Conozco esa sensación.

En ese momento, el joven no sabía que acababa de conocer a uno de los hombres más pacíficos y exitosos del mundo. Parecía simplemente un amable anciano.

Después de un momento, el anciano le preguntó: —¿Y ahora qué piensas de la vista?

—¿De cuál vista? —respondió el joven. Entrecerró los ojos en la oscuridad pero no pudo ver nada, y comenzó a preguntarse quién era el anciano que acababa de conocer.

El anciano se inclinó y miró el cielo.

El joven hizo lo mismo y vio brillar una gran cantidad de estrellas. Nunca las había visto con tanta claridad desde su valle.

—Es hermoso, ¿verdad? —comentó el anciano.

—¡Sí! —exclamó sorprendido el joven, disfrutando un momento de placidez—. Siempre han estado allí, ¿verdad?

—Pues sí y no —respondió el anciano—. Sí, puesto que siempre han estado allí; solo necesitabas cambiar aquello que estábas mirando.

Luego añadió: —Y realmente no, pues los científicos dicen que gran parte de la luz que vemos ahora fue emitida hace varios millones de años por estrellas que desaparecieron hace mucho tiempo.

El joven sacudió la cabeza y dijo: —Es difícil saber qué es real y qué no.

El anciano no dijo nada y se limitó a sonreír.

Cuando el joven le preguntó por qué sonreía, el anciano respondió: —Estaba pensando que muchas veces me sentí igual cuando tenía tu edad: Intentaba distinguir la realidad de la ficción.

Permanecieron un momento en silencio, maravillándose ante el luminoso espectáculo sideral.

El anciano le preguntó: —¿Por qué has venido a la cumbre?

—No estoy seguro —admitió el joven—. Supongo que estoy buscando algo.

Comenzó a contarle al anciano lo infeliz que se sentía en su valle, y que pensaba que debía existir un camino mejor.

Le contó sobre los empleos que había tenido, las relaciones que no parecían haber funcionado, y la sensación de que no estaba aprovechando todo su potencial.

Se sorprendió al revelarle tantas cosas a un desconocido.

El anciano lo escuchó atentamente, y después de que el joven terminó de hablar, comentó:

—Recuerdo que yo también me he sentido mal en muchas ocasiones. Aún recuerdo cuando me despidieron de mi primer empleo. Fue terrible, y por más que lo intenté, no pude encontrar otro.

—¿Y qué hiciste?

—Pues bien, pasé mucho tiempo enojado y deprimido. Las cosas no me salían. Pero un buen amigo mío, al que nunca olvidaré, me dijo algo que lo cambió todo.

—¿Qué te dijo? —preguntó el joven.

—Algo sobre lo que él llamaba *asumir los buenos y los malos tiempos con la estrategia de los picos y valles*. Me dijo: «Cuanto más utilices la estrategia de los picos y valles en tu trabajo y en tu vida personal, más éxito y paz tendrás».

El anciano añadió: —Yo era muy escéptico al comienzo, pero resultó ser cierto. Y tuvo un gran impacto en mi profesión y en mi vida.

—¿En qué sentido? —quiso saber el joven.

—Cambió la forma cómo miraba los altibajos de mi vida. Y gracias a eso cambié mi manera de actuar.

—¿De qué manera? —preguntó el joven.

—Mi amigo me ayudó a descubrir tres cosas: Cómo salir más rápido de un valle; cómo permanecer más tiempo en una cumbre; y cómo tener más picos y menos valles en el futuro.

El joven se preguntó si aquello era demasiado bueno para ser cierto. Pero como estaba buscando respuestas y sentía curiosidad, preguntó:

—¿Me podrías hablar más sobre ello?

El anciano le respondió: —Lo haré, bajo la condición de que si te parece útil, lo compartirás con otras personas.

—¿Por qué? —preguntó el joven.

El anciano respondió: —Hay dos razones. La primera es para ayudarles a ellos; y la segunda para ayudarte a ti mismo. Si las personas que te rodean saben cómo sacarle provecho tanto a los momentos buenos como a los malos, se preocuparán menos y les irá mejor. Y eso hará que te parezca más agradable trabajar y vivir con ellas.

El joven dijo que si era algo benéfico para él, ciertamente lo compartiría con los demás.

Entonces el anciano dijo: —Tal vez sea útil comenzar con esto:

Es normal que en todas partes las personas tengan picos y valles en el trabajo y en la vida.

El joven se sintió decepcionado, pues no era la revelación que esperaba.

—¿A qué te refieres exactamente con eso de «picos y valles»? —preguntó.

—Me refiero a tus picos y valles personales: A los altibajos que tengas en el trabajo y en la vida. Estos momentos buenos o malos pueden durar minutos, meses, o incluso más. Los picos y valles personales son tan naturales como los picos y valles que vemos en la superficie terrestre. Ambos tipos de accidentes geográficos están desperdigados y conectados de un modo similar. Puedes sentirte bien en un aspecto de tu trabajo o de tu vida, y mal en otro. Es algo natural, que les sucede a todas las personas de todas las culturas. Hace parte de la naturaleza humana.

El joven suspiró y dijo: —Entonces no soy el único.

El anciano se rió.

—Es probable que algunas veces te sientas así, ¡pero no estás ni tibio!

Luego añadió: —Es obvio que todos tenemos muchos tipos de altibajos porque no hay dos personas que tengan exactamente las mismas experiencias, incluso si se encuentran en situaciones similares. Podrías verlo de la siguiente manera:

Los picos y los valles
no sólo son los momentos
buenos y los malos
que tienes.

También son la forma en que
te sientes interiormente
y respondes
a los eventos exteriores.

—La forma en que te sientas depende en gran medida de la forma en que veas tu situación. La clave está en separar aquello que te sucede de las cualidades que tengas como persona.

El anciano continuó: —He descubierto que puedes sentirte bien incluso si te suceden cosas malas…

El joven lo interrumpió.

—¿Estás diciendo entonces que cuando las cosas no me funcionaban en el valle, de alguna manera debí sentirme feliz? Detesto discrepar de usted, Señor, pero no estoy de acuerdo. ¡*Nada* me funcionaba allá abajo! Es muy fácil decir todo esto desde esta cumbre. ¡Tu vida aquí no tiene nada que ver con mi vida en el valle! Yo vengo de un mundo completamente diferente.

El anciano no parecía ofendido por las palabras exaltadas del joven y permaneció inmutable.

Al cabo de un rato, el joven se apaciguó. Sintió vergüenza y dijo:

—Lo siento. Me sentía triste, pero creo que también estaba más enojado de lo que había advertido.

El anciano asintió: —Entiendo.

Luego dijo: —¿Entonces crees que mi vida aquí no tiene conexión con tu vida en el valle? Déjame preguntarte algo: ¿Viste un abismo cuando venías hacia acá; un hueco grande que separa a tu valle de esta cumbre?

—No lo vi —dijo el joven—. ¿Dónde está?

El anciano no dijo nada.

El joven meditó y luego se rió.

—En realidad no hay ningún abismo, ¿verdad?

—Muy bien —señaló el anciano.

—Porque los picos y los valles están conectados —dijo el joven.

—¡Qué observador! —señaló el anciano con una sonrisa—. ¿Quién puede decir dónde termina la parte más alta del valle, y dónde comienza la parte más baja de la cumbre? La clave está en entender no solamente que los picos y valles físicos y los personales están conectados, sino también *cómo* es que están conectados.

Luego agregó:

Los picos y valles están conectados.

Los errores que cometes en
los buenos momentos de hoy, crearán
los malos momentos del mañana.

Y las cosas sabias que haces en
los malos momentos de hoy, crearán
los buenos momentos del mañana.

—Por ejemplo, las personas que utilizan una estrategia de picos y valles durante los momentos malos, hacen que las cosas sean mejores cuando regresan a lo básico y se concentran en lo más importante.

El joven añadió: —¡Y eso les genera buenos momentos en el futuro!

—Sí —dijo el anciano—. Pero muchas personas no saben administrar sus buenos momentos y no perciben que están creando los malos momentos de su futuro. Desperdician muchos recursos, se alejan de lo básico, e ignoran lo más importante. ¿Y adivina qué sucede?

El joven respondió: —¡Vuelven a tener malos momentos! —concluyendo que eso tenía sentido—. Así que realmente *creamos* nuestros propios momentos buenos y malos mucho más de lo que percibimos.

—¡Exactamente! —exclamó el anciano. Sus ojos brillaron mientras observaba al joven hacer sus propios descubrimientos.

—Tal vez esto sea suficiente por esta noche —dijo el anciano—. Si deseas, podemos seguir hablando mañana.

—Me encantaría.

El anciano le dio las buenas noches y dejó que el joven armara su campamento.

Después, el joven se durmió pensando de qué manera estarían conectados sus picos y valles personales.

Cuando amaneció, el anciano llegó con un termo lleno de café caliente.

Bajo la resplandeciente luz matinal, el joven notó que los ojos del anciano eran muy claros, y le dijo:

—Pareces feliz. ¿Acaso es porque siempre has permanecido en este pico?

—No; no me siento feliz por eso. Y tampoco permanezco siempre acá. Tengo que bajar al valle a conseguir provisiones y a entender por qué necesito vivir aquí.

El joven todavía estaba somnoliento y no comprendió realmente lo que le había dicho el anciano.

—Creo que podría ser feliz para siempre aquí —señaló.

—No puedes —dijo el anciano—. Nadie puede permanecer siempre en un mismo sitio. Incluso si estás físicamente en un lugar, siempre estarás entrando y saliendo de los lugares que tengas en tu corazón. El secreto está en apreciar realmente y disfrutar cada momento por lo que vale mientras lo estés viviendo.

—Eso no lo sé —dijo el joven—. Lo único que sé es que con el aire limpio y fresco que hay en esta cumbre, estoy disfrutando más de la vida. Pero, ¿cómo puedo disfrutar el tiempo que esté en un valle?

—En realidad —dijo el anciano—, lo que sientes en un valle tiene mucho que ver con el tiempo que permanezcas en él. Una forma útil de pensar en los picos y valles es la siguiente:

Los picos son momentos en los que aprecias lo que tienes.

Los valles son momentos en que anhelas lo que no tienes.

—Interesante —señaló el joven—. Pero me parece que un pico es un pico, sin importar lo que yo piense de él, y que un valle es un valle. ¿Qué tienen que ver mis pensamientos con eso?

El anciano le preguntó: —¿Recuerdas lo primero que dijiste cuando llegaste aquí?

El joven lo intentó pero no pudo recordarlo.

—Dijiste: «Me lo perdí». Te concentraste en haberte perdido el atardecer y no viste las estrellas. Ni siquiera celebraste tu ascenso a la cumbre. ¿Cómo crees que te habrías sentido si al llegar aquí hubieras levantado tus brazos, exclamando: «¡Sí, lo logré!»?

El joven suspiró.

—Así que yo cambié mi pico personal por un valle. Llegué acá, al lugar con el que había soñado durante varios años, pero de todos modos sentí que había fracasado.

El anciano dijo: —Así es. ¿Comprendes que en ese momento creaste un valle en tu mente?

Luego el anciano preguntó de nuevo: —¿Cómo puede alguien ganar una medalla de plata por su excelencia y no sentirse feliz?

El joven pensó en eso y dijo: —Comparándolo con ganar la medalla de oro... —luego comprendió—. Pero si quieres tener menos valles, debes evitar las comparaciones. Si aprecias lo positivo del momento, siempre sentirás que estás en un pico.

—¡Sí! —exclamó el anciano—. Incluso en los malos momentos. Qué pasaría si en vez de ello, comprendieras que:

No siempre puedes controlar
los eventos externos,

pero puedes controlar
tus picos y valles
personales de acuerdo
a tus creencias y a tus actos.

El joven frunció el ceño.

—No estoy seguro de haber entendido. ¿Cómo puedo hacerlo? Dijiste que esto me ayudaría en el trabajo y en la vida.

—Así es. Para cambiar un valle por un pico, necesitas cambiar una de estas dos cosas: Lo que está sucediendo, o cómo te *sientes* con respecto a lo que está sucediendo. Si puedes cambiar la situación, maravilloso. Si no, puedes elegir cómo te sientes con respecto a ella y hacer que funcione para tu propio beneficio.

—¿Cómo? —preguntó el joven.

—Imagina por ejemplo que eres el único apoyo financiero de tu familia, y que tienes algo que consideras seguro: Un empleo con un buen salario. Pero de un momento a otro descubres que has sido despedido, y no ves ninguna oportunidad real de conseguir otro empleo de inmediato. ¿Cómo te sentirías?

—Asustado, sorprendido y enojado.

—Es apenas comprensible; así se sentiría la mayoría de las personas. Pero, ¿qué sucede si piensas que haber perdido tu empleo, aunque no te agrade el hecho de haber sido despedido, es una de las mejores cosas que te han sucedido? ¿Qué tal si después concluyeras que tú y tu trabajo no eran muy apropiados el uno para el otro, y que aunque seguramente nunca hubieras renunciado, en realidad debiste hacerlo desde hace mucho tiempo? ¿Qué tal si optas por creer que el hecho de haber sido despedido podría ofrecerte algo mejor?

El joven dijo: —Pero también podría conducirme a algo peor. El anciano sonrió.

—Es cierto. Nadie sabe lo que va a suceder. Sin embargo, tener una mejor actitud, generalmente te hará obtener resultados mucho mejores.

El joven, que aún seguía escéptico, preguntó: —Pero, ¿cómo puede aplicarse esto a una persona desempleada? Es probable que se sienta bien con respecto a su situación, pero de todos modos necesitará un empleo. No se puede alimentar a una familia simplemente con buenos sentimientos.

El anciano dijo: —Está bien. Seamos *realmente* prácticos. Si fueras tú el que contratara a un nuevo empleado, a quién crees que contratarías: ¿A alguien que parezca derrotado y que durante toda la entrevista se queje de lo mal que lo trató su antiguo empleador, o a una persona más segura que se sienta bien de estar libre para buscar una nueva oportunidad y encontrar algo mejor?

El joven respondió: —A la persona positiva, porque es más probable que haga un buen trabajo.

El anciano señaló: —Es por eso que la persona que tiene la mejor actitud, generalmente consigue un mejor trabajo. ¿Qué pasó entonces con el valle de esa persona? El joven se mostró sorprendido.

—¡Se transformó en un pico! Y lo que la persona *creía* y *hacía*, realmente marcó una gran diferencia. Tal vez esto sí sea realmente práctico.

—Sí —exclamó el anciano—. A veces es tan sencillo como:

El sendero para salir del valle
aparece cuando
decides ver las cosas de
un modo diferente.

La temperatura en la cima de la montaña había descendido, y comenzaron a caer algunos copos de nieve. El anciano preguntó:

—¿Estás preparado para permanecer en la cumbre?

El joven reconoció que no había traído ropas abrigadas.

—Creo que estaba tan apresurado por salir del valle que realmente no pensé en qué necesitaba para estar aquí.

El anciano dijo: —Eso no es inusual. Muchas personas no se dan cuenta que necesitan estar *realmente* preparadas si desean permanecer más tiempo en la cumbre.

El joven no comprendió que el anciano se estaba refiriendo al hecho de administrar los buenos momentos.

—Espero que vuelvas otra vez —añadió el anciano—. He disfrutado de tu visita. —Le apretó la mano al joven y se despidió de él.

El joven se sintió acongojado de tener que abandonar la cumbre, pero también reconfortado por lo que había encontrado allí.

Se dijo a sí mismo que a partir de ese momento vería su trabajo y su vida de una forma diferente. Esperaba ver los valles como una oportunidad para descubrir las bondades ocultas que hacen que todo sea mejor.

Respiró profundamente el aire fresco de la montaña, y esperó conservar su lucidez cuando regresara al valle.

Grabó en su mente algo que quería recordar:

Conviertes tu valle
en un pico

cuando encuentras y
aprovechas todo lo positivo

que se oculta en
los malos momentos.

3

Olvidar

Cuando el joven llegó de nuevo a su valle, recordó cuando solía ir a la pradera a mirar el pico lejano, y a soñar con encontrar una vida diferente allá.

Entonces sintió una gran emoción. ¡Él había subido a la cumbre! Y tal como lo había esperado, *había* logrado tener una panorámica más amplia.

Estaba deseoso de regresar a su trabajo gracias a su nueva perspectiva. Se preguntó qué pensarían sus padres y amigos cuando les contara de su aventura.

Mientras se dirigía a casa pensó: —La vista desde este valle es muy limitada. Si se observa desde la cumbre donde estuve yo, es mucho más fácil ver el panorama general.

El joven estaba muy satisfecho consigo mismo.

Pensó en aquella joven especial que le interesaba, y esperó que a ella le impactaría su viaje y todo lo que había aprendido.

Cuando llegó a su casa, les contó a sus padres sobre el viaje a la montaña, y lo que había aprendido del anciano que vivía allá.

Les dijo que gracias a su nueva filosofía, sería muy valioso en el trabajo, y que indudablemente no tardaría en recibir un ascenso.

Sus padres se miraron mutuamente, pues aquello les pareció un poco presuntuoso, pero no dijeron nada.

Sin embargo, el joven no estaba tan seguro de eso como parecía. Se preguntó si su nueva perspectiva realmente marcaría una diferencia tan grande. En realidad, él todavía tenía sus dudas, pero estaba ansioso por ver qué sucedía.

No tardó en contarles con orgullo a algunos de sus amigos lo que había aprendido en la cumbre.

Algunos se sintieron fascinados, pero otros fueron escépticos. Parecía ser algo muy simple y se preguntaban si realmente podía funcionar. Pero como sucede con la mayoría de los buenos amigos, ellos deseaban que él tuviera éxito.

También le contó a la joven en la que estaba interesado.

A ella le intrigó la historia y le alegró ver su emoción; deseó que el entusiasmo del joven fuera duradero.

Él se sintió feliz de regresar a su trabajo.

A la compañía le estaba yendo bien. Las ventas estaban aumentando, y las ganancias eran mayores que nunca.

Sin embargo, un pedido importante se extravió y nadie pudo encontrarlo. El cliente se disgustó tanto que amenazó con cancelar la cuenta.

Todos los empleados se esforzaron al máximo para solucionar el problema. Algunos trataron de recuperar lo perdido, mientras que otros se concentraron en rastrear el cargamento extraviado.

Sin embargo, la compañía había crecido con mucha rapidez y los empleados pronto fueron insuficientes. Y a pesar de los esfuerzos, se perdieron otros cargamentos. Muchos clientes comenzaron a cancelar sus pedidos. El ambiente en el trabajo era muy sombrío.

El joven recordó lo que el anciano le había dicho con respecto a salir de un valle: *Conviertes tu valle en un pico cuando encuentras y aprovechas todo lo positivo que se oculta en los malos momentos.*

Pensó en esto durante toda la noche.

Al día siguiente le propuso una idea a su jefe. ¿Qué tal si utilizaban esta crisis como una oportunidad para descubrir las fallas en el rastreo de los pedidos, y crear un sistema mejor y más confiable para los pedidos futuros?

A su jefe le gustó la idea y le pidió que conformara un equipo que se encargara de la tarea.

Después de varios días, el equipo detectó fallas importantes en el sistema, y desarrollaron una forma mucho más confiable y menos costosa de procesar los pedidos.

Les pidieron disculpas a sus clientes, quienes se alegraron de saber que la empresa había mejorado su sistema de entregas y que había reducido los costos. Muchos clientes comenzaron a hacer pedidos de nuevo; inicialmente fueron pequeños, pero esperaban que aumentaran con el paso del tiempo.

Pronto se propagó el rumor de que el nuevo sistema se debía al trabajo de un equipo liderado por un hombre joven y brillante. Su reputación aumentó entre sus compañeros, y su jefe se sintió tan satisfecho que le concedió un aumento.

Poco después, el joven hizo otra sugerencia: ¿Por qué no invertir en desarrollar nuevos mercados en los que la empresa no se había aventurado hasta entonces?

Pero el jefe le dijo que no, pues creía que así estaban bien. Le recordó que era el administrador más joven y que también acababa de recibir un aumento, por lo cual debía sentirse satisfecho.

El joven comprendió que su jefe, al igual que muchas personas en la compañía, estaba satisfecho con el estado actual de cosas. Muchas cosas comenzaron a salir mal, tanto adentro como afuera de la compañía, pero nadie pareció darse cuenta.

La mayoría de los empleados siguió actuando como si estuvieran en las buenas épocas. Como el negocio había crecido, los empleados se olvidaron de la fórmula de su éxito.

Muchos departamentos gastaron en exceso, confiados en que a la compañía le estaba yendo bien.

Otros problemas más serios comenzaron a afectar a la compañía. Las ganancias disminuyeron dramáticamente y se vieron obligados a reducir costos. Varios empleados fueron despedidos, incluyendo a algunos amigos del joven.

Los tiempos se estaban haciendo difíciles.

Sin embargo, el joven logró conservar su empleo y era respetado, pues había ayudado a que el sistema de pedidos y entregas fuera más eficiente gracias a la labor de su equipo.

Se sintió tan orgulloso que no vaciló en decirles a sus padres que le estaba yendo bien en el trabajo.

Pero poco después se obnubiló con su propio éxito y se sintió tan confiado que sólo se escuchó a sí mismo.

Con el tiempo, se olvidó de aplicar muchas de las cosas que había aprendido en la cumbre.

Sin darse cuenta, se alejó de las personas que lo rodeaban. Sus compañeros de trabajo comenzaron a evitarlo y su jefe a criticarlo. Su confianza en sí mismo no tardó en desaparecer.

Era claro que las cosas en el trabajo estaban mal, pero él no podía descubrir la causa.

Sus padres intentaron hablar con él, pero no los escuchó. Se limitó a defender su comportamiento, lo que comtribuyó a empeorar las cosas. A medida que transcurría el tiempo, el joven se encontró de nuevo en un valle profundo.

Entonces recordó un consejo que le había dado el anciano antes de regresar al valle:

Entre los picos siempre hay valles.

La forma en que administres tu valle
determinará qué tan pronto
alcanzarás tu próximo pico.

El joven se preguntó: «¿Cómo haces para administrar un valle». Si el anciano había hablado de eso, lo cierto fue que no pudo recordar sus palabras.

Salió en busca de sus amigos, pero nadie parecía estar disponible. Obviamente, él no se daba cuenta de que lo estaban evitando.

Llevaba un buen tiempo sin saber nada de la joven que le gustaba y se preguntó porqué. «Seguramente estará ocupada», se dijo a sí mismo.

Poco después se sintió aún más solo de lo que se había sentido antes de subir a la cumbre.

Recordó entonces que es natural tener picos y valles.

Intentó encontrar un camino que lo alejara de su valle y decidió ver las cosas de un modo diferente.

Intentó encontrar lo positivo de la situación y ver cómo podía utilizarlo para su propio beneficio.

Pero nada lo hacía sentirse mejor.

Inicialmente, la estrategia de picos y valles le había ayudado a ser más exitoso.

Pero la estrategia ya no estaba funcionando, y él no sabía por qué.

Regresó a la pradera y observó la montaña.

La estrategia de picos y valles le pareció acertada cuando el anciano se la había descrito. Pero allí en el mundo real, le estaba comenzando a parecer que era un cuento de hadas demasiado bueno como para durar mucho tiempo.

Tal vez sus amigos escépticos tuvieran la razón.

Se fue a meditar y descansó un momento al lado de un estanque inmóvil. Miró el agua y observó su propio reflejo. No le gustó lo que vio.

Sabía que se estaba volviendo más resentido y que no estaba en paz consigo mismo. Entonces recordó otra cosa que le había dicho el anciano: *Si no aprendes en un valle, puedes volverte amargo. Si realmente aprendes algo valioso, puedes mejorar.*

Pero si eso era cierto, ¿qué era lo que necesitaba aprender?

Después de varias semanas, el joven se cansó de tratar de encontrar la respuesta.

Algunos de sus amigos le sugirieron que se reuniera con ellos en la meseta, adonde iban a «matar el tiempo», según decían.

Él nunca había ido en la meseta, pero hasta donde sabía, no era difícil llegar allá. Ciertamente no era un lugar tan lejano como la cumbre.

Y matar el tiempo en la meseta debía de ser mejor que sentirse mal en el valle.

Entonces se dirigió a la meseta.

4
Descansar

El joven se sorprendió al ver la desolación de la meseta. No tenía árboles y era plana hasta donde se extendía la vista.

El clima no era tan cálido como el del valle, ni tan fresco como el de la cumbre. Las nubes tapaban el sol. Era casi como si no hubiera clima.

A veces veía a otras personas en la distancia, pero las evitaba, pues quería estar solo.

Inicialmente le reconfortó su actitud. Estaba contento de haber ido a la meseta.

Poco después comenzó a recuperarse del estrés de todos los altibajos que había tenido. Simplemente le gustaba estar allí, pues le daba una sensación de descanso.

Más tarde se alegró al encontrar a sus amigos, pero ellos no parecieron sentir lo mismo.

Sus miradas eran tan vacías y desoladas como los alrededores. No parecían interesarse en lo que sucedía a su alrededor. No tenían un aspecto vigoroso ni saludable, ni siquiera en medio del aire libre.

El joven miró a sus amigos y se preguntó si él también estaba adquiriendo el mismo aspecto. Lo asustó la posibilidad de que así fuera.

El joven se sintió inquieto y aburrido, pero antes, al llegar a la meseta, le había parecido refrescante poder alejarse de todo.

Pero ahora sentía como si todo estuviera comenzando a escapársele. No tenía aquel entusiasmo que había sentido en la cumbre.

Cuando estaba en el valle, le había parecido una buena idea ir a la meseta.

Pero ahora se preguntaba por qué seguía allí. Una meseta, pensó él, es un momento neutral, donde no te sientes ni bien ni mal.

Entonces, ¿qué era esa meseta para él? ¿Se estaba tomando un descanso bien merecido, o había ido allí para escapar? Si era así, ¿de qué estaba escapando?

¿Y cuál era la situación de sus amigos? ¿Trataban de escapar a la realidad al embotar sus sentidos?

Así que el joven se despidió de sus amigos y se marchó solo.

Desde el lugar donde estaba, escasamente podía haber la cumbre. Miró hacia arriba e intentó imaginar qué estaría haciendo el anciano en ese momento.

Recordó que había mirado al anciano y observado el brillo y la claridad de sus ojos. El joven anheló estar de nuevo allá.

La claridad que había encontrado en la cima era muy diferente a la monotonía que sentía en la meseta.

Entonces miró de nuevo la cumbre y experimentó el mismo deseo que había sentido tantas veces atrás.

Quería algo mejor.

Pero no sabía muy bien por qué quería subir de nuevo a la cumbre. Es probable que se decepcionara de nuevo cuando tuviera que regresar al valle.

Esa noche durmió mal y se preguntó si debía emprender el viaje.

Se despertó al día siguiente pensando en la cumbre.

Mientras más pensaba en ella, más deseos sentía de regresar donde el anciano y preguntarle por la estrategia de picos y valles que tan poco tiempo le había durado.

Finalmente, se marchó de la meseta y regresó a su valle. Durante los días siguientes hizo planes para regresar a la cumbre.

Esta vez, esperaba estar mejor preparado para lo que pudiera depararle la cumbre.

5

Aprender

El viaje a la montaña fue difícil, y el joven se sentía extenuado cuando llegó a la cumbre. Sin embargo, llegó temprano y pudo contemplar un hermoso atardecer.

Esta vez fue invitado a la cabaña que el anciano tenía en la montaña. Le sorprendió el tamaño y se maravilló por la forma en que estaba construida.

Se sentaron en un promontorio enorme con vista a un hermoso lago.

El joven dijo: —No sabes lo feliz que me siento de estar de nuevo en esta cumbre.

El anciano se alegró de verlo, pero notó que el joven tenía problemas y le preguntó por qué.

El joven respondió: —Cuando regresé a mi valle, intenté utilizar lo que compartiste conmigo, como por ejemplo, encontrar lo bueno que hay en los momentos malos. Inicialmente me funcionó, pero las cosas empeoraron después. Me sentí desanimado y me fui un tiempo a la meseta, pero las cosas no me salieron muy bien.

—¿Fue una experiencia saludable o poco saludable para ti? —le preguntó el anciano.

—No entiendo —respondió el joven.

El anciano le preguntó de nuevo: —¿Has visto algo parecido a esto?

Y luego comenzó a dibujar:

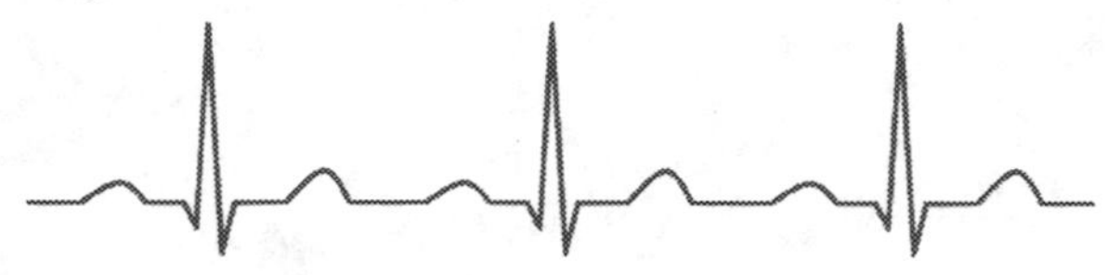

El joven dijo: —Parece la representación gráfica del ritmo cardiaco.

—Correcto. ¿Los puntos altos y bajos te recuerdan algo de lo que hemos hablado?

—¡Parecen picos y valles!

—Sí. Ahora, si la gráfica cambiara y se viera de esta forma, ¿qué crees que significaría?

Y entonces dibujó una línea recta:

El joven dijo: —Creo que significaría que el corazón no está latiendo.

—Así es. Se trataría de un problema. Al igual que los latidos de un corazón sano, los picos y valles personales son una parte esencial de una vida normal y saludable. Lo mismo sucede con las mesetas cuando representan momentos de descanso saludable al alejarte de lo que sucede a tu alrededor y haces una pausa para pensar en lo que harás a continuación.

»Aunque es poco saludable buscar un escape bloqueando la realidad, también puede ser muy saludable relajarse, descansar y confiar en que las cosas van a salir bien. Así sucede después de dormir bien durante la noche o de descansar unos cuantos días.

El joven había llevado una pequeña libreta, y comenzó a escribir lo que estaba aprendiendo en la cumbre:

Una meseta puede ser un momento
para descansar,
reflexionar y renovarnos.

El joven dijo: —Es probable que mi estadía en la meseta haya sido poco saludable en un comienzo, pero finalmente fue buena para mí. Cuando llegué allí creí que me había rendido. Pero cuando regresé a mi valle me sentí más descansado y muy interesado en regresar a esta cumbre. Sin embargo —preguntó—, ¿cómo pueden ser saludables los altibajos? ¿De qué manera te pueden dar paz? ¿Acaso los altibajos no hacen que te sientas ansioso y estresado?

El anciano respondió: —Sólo si subes y bajas con ellos. Cuando *realmente* aprendas a manejar tus momentos buenos y malos, lograrás un equilibrio saludable.

—Pero, ¿cómo? —preguntó el joven.

—Para empezar, sientes más paz cuando comprendes que tú no eres tus picos (tus momentos «buenos»), y que tampoco eres tus valles (tus momentos «malos»). Por lo tanto, ya no te sentirás en una montaña rusa emocional.

El joven pensó en eso mientras miraban el atardecer.

El anciano le preguntó: —¿Qué pasó cuando regresaste a tu valle?

El joven respondió: —La estrategia de los picos y valles pareció funcionar en un comienzo. Tuve varios éxitos en el trabajo, pero luego las cosas salieron mal, y no sé por qué.

El anciano comentó: —Te mostré la gráfica del corazón por otra razón; para animarte a que apliques la estrategia de picos y valles con tu *corazón.*

—¿A qué te refieres?

—Las valiosas enseñanzas que adquieres en la cumbre no es el único aspecto importante, sino que la forma en que te *sientas* y lo que *hagas* con ellas es lo que establece la diferencia. Por ejemplo, ¿cómo te comportas cuando estás en el valle?

—¿Cómo me comporto? —preguntó el joven.

—Sí; ¿y cómo te sentiste cuando regresaste a tu valle?

—Me sentí bien. ¡Fue un momento maravilloso!

El anciano no dijo nada.

—¿Qué? —exclamó el joven, pero el anciano aguardó. El joven comprendió lo que acababa de decir y se le ocurrió algo.

—Ah… el momento bueno no duró por la forma en que me sentía y por lo que hice.

El anciano comentó: —¡Muy bien! Obviamente, no se trataba de ese momento agradable, sino de que no manejaste bien las cosas en ese momento. Sería útil que pensaras en lo siguiente:

Puedes tener menos momentos
malos si aprecias y manejas
los buenos momentos con sabiduría.

El joven meditó en esto durante un momento y dijo: —No sé qué fue lo que hice mal. ¿Por qué manejé mal mis buenos momentos?

El anciano dijo: —Cuando te sentías bien, ¿acaso no presumiste un poco sobre lo que descubriste aquí en la cumbre?

El joven no respondió.

—¿Crees que eso fue lo que sucedió?

—No sé. Tal vez.

El anciano esperó.

—Creo que eso explica la razón por la cual mis amigos me han evitado últimamente —dijo el joven suspirando. Se refería especialmente a la joven.

Luego añadió: —La primera vez que visité esta cima, dijiste que la mayoría de las personas no se dan cuenta de que necesitan estar *realmente* preparadas si quieren permanecer en un pico.

El anciano sonrió: —Me alegra que recuerdes eso. Los que no están preparados para permanecer en un pico, no tardan en caer de él y en sentir dolor.

—¿Cómo puedo prepararme para permanecer en un pico? —le preguntó el joven.

El anciano respondió: —En lugar de darte *mis* respuestas, tal vez pueda ayudarte a encontrar *tus* propias respuestas. ¿Cómo te sentiste cuando las cosas empezaron a salirte mal?

—Me sentí terrible —respondió el joven.

—¿Y por qué no cambiaste tu comportamiento?

—No lo sé —respondió el joven.

—Tal vez porque no sabía cómo manejar el momento, o porque pensaba que quizá las cosas mejorarían si lo ignoraba. O tal vez yo tenía miedo de admitir que me había equivocado y necesitaba ayuda.

—¿Y qué tienen en común todas esas razones? —preguntó el anciano.

El joven pensó un momento y dijo: —No estoy seguro. —Intentó adivinar—: ¿Miedo?

El anciano asintió.

—Sí. ¿Y cuál es la fuente del miedo que sienten las personas?

El joven no lo sabía.

—Para la mayoría de nosotros, es el ego —dijo el anciano—.Tu ego te puede hacer arrogante en el pico, y temeroso en el valle. Te impide ver la realidad y distorsiona la verdad. Cuando estás en una cumbre, tu ego te hace ver las cosas mejor de lo que realmente son. Y cuando estás en un valle, te hace ver las cosas peores de lo que son. Te hace pensar que un pico durará para siempre, y que un valle no terminará nunca.

El joven escribió en su libreta lo que dijo el anciano:

El motivo más frecuente
para abandonar demasiado
pronto un pico es la arrogancia
disfrazada de seguridad.

El motivo más frecuente
para permanecer mucho tiempo
en un valle es el miedo
disfrazado de bienestar.

El joven preguntó: —¿Por qué la arrogancia nos aleja de los picos?

El anciano respondió: —Déjame darte un ejemplo. Cuando yo era joven, trabajaba en una compañía muy grande y famosa. Ofrecíamos un gran servicio a un buen precio, el mejor de la industria.

»Pero los costos aumentaron y la economía empeoró. Nos costaba más ofrecer nuestros servicios y cada vez fueron menos las personas que podían costearlos. Las ventas cayeron, pero debido a nuestra buena imagen, la administración creyó que podíamos esquivar los malos tiempos.

»Pero obviamente, lo cierto era que necesitábamos cambiar. Ellos no fueron capaces de ver esto, porque su arrogancia los hizo complacientes. Finalmente perdimos la mayoría de nuestros clientes y tuvimos que vender el negocio.

—¿Y qué hiciste? —le preguntó el joven.

—Me pregunté: *¿Cuál es la verdad de esta situación?* Que no estábamos satisfaciendo a nuestros clientes. Entonces comencé a preguntarme: *¿Cómo puedo prestar un mejor servicio?* Poco después renuncié y abrí mi propia compañía. Convertí esa pregunta en la base sobre la cual construí mi negocio. Aunque era una compañía pequeña, nuestros clientes se sintieron muy satisfechos con nosotros y se lo comunicaron a otras personas. Con el paso de los años nos transformamos en una compañía grande.

El joven le preguntó cuál era el nombre de la compañía, y cuando el anciano se lo dijo, la reconoció de inmediato. Comprendió que su nuevo amigo era un hombre muy adinerado.

Parecía que la estrategia de picos y valles era realmente efectiva en el trabajo. Pero se preguntó si sería útil en la vida.

El joven preguntó: —¿Puedes decirme cómo funcionó en tu vida?

El anciano pensó un momento y respondió:

—Sí; y voy a compartir contigo una anécdota personal —dijo—. Cuando la salud de mi esposa se fue agravando progresivamente, nos sumergimos en un valle cada vez más profundo. Ella siempre pareció criar a nuestros hijos, ocuparse de nuestro hogar y cuidarnos a todos sin hacer ningún esfuerzo.

»Fue difícil para nosotros verla tan adolorida como para dejar de hacer las cosas que más le gustaban. Sentí que yo debía hacer casi todas las cosas que ella hacía anteriormente. Entonces me esforcé en cuidarla a ella y a nuestros hijos, a ocuparme del hogar, y a continuar con mi trabajo. Y muy pronto me sentí estresado. Por supuesto, lo que realmente me preocupaba era su bienestar, y no supe qué hacer para dárselo.

Al anciano se le entrecortó la voz mientras recordaba aquellos momentos difíciles.

El joven comentó: —Debió ser una situación muy difícil.

—Lo fue —reconoció el anciano—. Me asusté. Estaba preocupado por lo que pudiera suceder. Sabía que el miedo puede ahuyentar la verdad, y entonces me pregunté: *¿Cuál es la verdad de esta situación?* La verdad era simple: yo amaba a mi esposa. Luego me pregunté, *¿qué es lo más amoroso que puedo hacer por ella en este instante?* Inicialmente no lo supe. Pero comencé a comportarme con la mayor consideración posible. Y muy pronto, la situación dejó de parecer un valle tan profundo.

—¿Por qué? —preguntó el joven.

—Porque vi que mi esposa comprendió que yo la amaba, y eso la hizo sentirse mejor. Yo sabía que anteriormente no había sido tan considerado con ella como debí serlo. Pronto disfruté la sensación que se siente al ser un mejor ser humano.

El anciano agregó: —Para mi sorpresa, comencé a sentir más paz y a tener más éxito, a pesar de las circunstancias difíciles en las que nos encontrábamos. Comprendí que muchos de mis temores realmente tenían que ver conmigo y no con ella. Al buscar la forma de ser más cariñoso, dejé de concentrarme en mí para concentrarme en ella, y dejé de pensar tanto en mí mismo.

—Entonces —concluyó el joven— cuando dejas tu *ego* a un lado, es más probable que salgas rápidamente de un valle.

—Exactamente —dijo el anciano—. Y hacer tu ego a un lado te ayudará también a permanecer más tiempo en un pico.

El joven pensó en la importancia de esas palabras, y esperó poder recordarlas.

Posteriormente miró a lo lejos y exclamó: —¡Guau! ¡Mira eso!

El anciano sonrió; sabía que el joven lo vería tarde o temprano.

—Mira esa gran cumbre allá. Es incluso más alta que esta —dijo el joven, como si acabara de descubrirla—. Apuesto que la vista desde allá es incluso mejor que la de acá.

—De eso no hay duda —coincidió el anciano.

—Tengo que ir allá —señaló el joven.

Pero luego miró hacia abajo y vio el valle profundo que se extendía entre las dos cimas. Gruñó, pues supo que sería difícil atravesarlo.

El anciano le preguntó: —¿Qué ves cuando miras ese valle?

El joven pensó un momento y luego se rió: —No sé, ¿dolor?

El anciano también se rió.

—Muchas personas ven así los valles profundos. Los consideran como momentos de frustración, dolor, decepción, rabia y fracaso. Pero recuerda lo que sucede cuando encuentras y te concentras en lo positivo que hay allí.

El joven asintió: —Puedes transformar un valle en un pico.

—Sí —dijo el anciano—. Pero sólo las personas capaces pueden apreciar y utilizar lo que permanece oculto en un valle. ¿Crees que puedes lograrlo?

El joven respiró profundo.

—Gracias por recordármelo. Entonces mi desafío consiste en recorrer los valles de un modo diferente, ¿verdad? ¿Cómo puedo hacerlo?

El anciano dijo: —Me parece que la mejor forma de recorrer un valle es creando y siguiendo tu propia *visión sensible.*

—¿Qué significa eso?

—*Sensible* significa una visión de un pico en el que quieras estar en el futuro, y que signifique mucho para ti. Algo tan grande como puedas imaginar, y que al mismo tiempo sea realista y accesible si así lo deseas. *Sensible* también significa que puedes materializar aquello que imaginas, siempre y cuando utilices tus cinco sentidos para crear una imagen tan concreta y real que terminas por convencerte de que puede hacerse realidad.

»Imagina qué aspecto tendrá tu cumbre y cuáles serán sus cualidades, hasta que sea tan real que la imagen de subir a él te motive durante la travesía por tu valle.

El joven percibió el poder de esas palabras y escribió:

Una forma maravillosa de alcanzar tu próximo pico es seguir tu visión sensible.

Imagina de la manera más detallada posible que disfrutas de un futuro mejor, y no tardarás en disfrutar también de aquello que te conducirá allá.

Los dos hombres siguieron hablando hasta bien entrada la noche.

Más tarde, el joven fue a su carpa y soñó con un lugar mejor.

Al día siguiente, se despertó temprano y observó el pico más alto. Luego fue a buscar al anciano.

Le dijo que esperaba no tardar mucho en ascender al pico. Esperaba tener una vista mucho mejor al llegar allá.

Se despidieron y el anciano le hizo una sugerencia:

—Cuando llegues al pico más alto, probablemente quieras ver si puedes obtener una mayor comprensión sobre las verdades más profundas de tu propio ser. Es probable que quieras escuchar tus pensamientos con el corazón, y recordar momentos en tu trabajo y en tu vida que te conducirán hacia tus propias verdades. Descubrirás tu propia sabiduría; no la mía ni la de nadie más.

El joven dijo que recordaría eso, y le agradeció al anciano por compartir tantas cosas con él.

Luego se estrecharon la mano y el joven se dispuso a cruzar el valle profundo para ascender al pico más alto.

6

Descubrir

El joven avanzó por el valle desconocido. La lluvia mojaba su rostro; buscó un refugio pero no encontró ninguno.

El viaje era más difícil de lo que había pensado. Cuando emprendió el camino, el valle no parecía *tan* profundo.

—Por qué tiene que ser así? —murmuró el joven—. ¿No se supone que debemos ser felices? ¿Para qué necesitamos los valles?

Tenía los pies empapados y el frío le calaba los huesos. Se sentía miserable.

—Algún día me reiré de esto —dijo con los dientes castañeteando por el frío.

Pensó en lo que acababa de decir, y añadió: —¿Para qué esperar hasta más tarde? ¿Por qué mejor no reírme ahora mismo?

Se rió con fuerza y se sintió mejor. Pero luego se escuchó el estruendo de un trueno. El joven miró con ansiedad, esperando resguardarse de los rayos.

Sus piernas le dolían y tenía los pies lastimados luego de caminar por las rocas afiladas. Recordó que el anciano le había dicho: «*La forma en que administres tus valles determinará qué tan pronto llegarás a tu próximo pico*».

El joven concluyó que realmente no estaba manejando muy bien esa situación.

Finalmente llegó al punto más bajo del valle y se detuvo.

La lluvia había borrado completamente el sendero. Sólo veía un río caudaloso que parecía imposible de cruzar.

—No puedo —dijo en voz alta—. La corriente es muy fuerte. No podré cruzarlo.

Se sintió derrotado.

Tendría que darse vuelta y desandar el camino que había recorrido. Pero, ¿cómo podría darle la cara al anciano? ¿Cómo podría confrontarse a sí mismo?

El joven se sentó en el fango y observó el río. Temió caer y ser arrasado por la poderosa corriente. Imaginó que tragaba bocanadas de agua mientras se hundía y se ahogaba. Se preguntó estremecido: «¿Por qué es tan doloroso estar en un valle?».

Respondió a su propia pregunta al recordar algo que le había dicho el anciano:

El dolor que sientas en un valle
puede revelarte
una verdad
que has ignorado.

¿Cuál era entonces la verdad que estaba ignorando?

El joven observó la cumbre alta y lejana.

«Lo único que sé», pensó, «es que realmente quiero estar en esa cumbre».

Se preguntó si en aquel pico habría un lago tan hermoso como el que había frente a la casa del anciano, o incluso más.

Se preguntó qué sentiría cuando el aire fresco acariciara su cara.

Luego recordó que el anciano le había dicho que él podía escalar la próxima cumbre luego de crear y seguir su propia *visión sensible,* una imagen de un futuro mejor lleno de sentido gracias a la participación activa de los cinco sentidos.

Comprendió que unos momentos atrás, había creado una visión *terrible;* una imagen de sí mismo ahogándose mientras se hundía en el río.

El anciano nunca le había hablado de una *visión terrible,* pero eso era exactamente lo que el joven había vislumbrado.

«Tal vez siempre estamos creando una visión de nuestro futuro», concluyó, «independientemente de que seas consciente o no, y de que se trate de una visión terrible o sensible. La clave está en cuál visión seguir».

Y entonces exclamó: —¡Ah! ¡Eso es!

Pronunció estas palabras en voz alta en medio de la lluvia y de los truenos:

—Mi
valle
ES
el miedo.

Pensó que había ciertos tipos de valles: La enfermedad o pérdida de un ser querido, los reveses financieros, y otros problemas que escapaban a su control y que no eran producto del miedo.

Pero más importante aun, comprendió que muchos de sus valles eran la consecuencia de su miedo, independientemente de que lo percibiera o no.

Se preguntó: «Si los valles son momentos en los que se anhela aquello que no se tiene, ¿lo que me preocupa es no poder conseguir jamás aquello que no tengo?».

Sabía que los malos momentos podían prolongarse, pero que si dejaba el miedo a un lado no tardaría en sentirse mucho mejor.

Estaba empapado, sentado en el fango allí en el fondo del valle, pero se sintió mejor al dejar su miedo a un lado.

Sabía que muchas veces había negado la posibilidad de ser el causante de algunos de sus propios valles.

Al mismo tiempo, había deseado que sus picos duraran más. Pero ahora, al pensar en su trabajo y en su vida, le pareció que no habían durado lo suficiente. También deseó que sus valles no se prolongaran por tanto tiempo.

Entonces se rió. «Quisiera estar frente a un pozo de los deseos, y arrojar en él algunas monedas de la suerte. Así, mi deseo de cruzar el río se haría una realidad».

Se rió de nuevo y se sintió mejor, pues sabía que es bueno poder reírse de uno mismo.

Luego recordó lo que le había dicho el anciano. Sacó su libreta y anotó:

No creas que las cosas son mejores de lo que realmente son cuando estés en un pico,

ni peores de lo que realmente son cuando estés en un valle.

Hazte amigo de la realidad.

Observó el pico de nuevo y se imaginó qué sentiría al estar allí de pie y triunfante.

El anciano le había dicho que la herramienta más poderosa para atravesar un valle y llegar al próximo pico era *seguir una visión sensible.*

Entonces el joven comenzó a crear la suya. Cerró los ojos y se imaginó de manera detallada y realista que había ascendido a la cima del alto pico.

Observó la vista majestuosa. Sintió el sol en su piel mientras permanecía en el pico, arriba de las nubes oscuras y lluviosas. Bebió el agua del lago cristalino. Respiró el aroma de los pinos altos y escuchó el grito de un águila.

Estaba desprovisto de todo miedo y se sentía en paz.

Abrió los ojos y miró de nuevo el pico, imaginando lo agradable que sería estar allá. Su visión sensible lo hizo incorporarse como atraído por un poderoso imán.

Vio el tronco de un árbol que estaba al otro lado del río y se le ocurrió un plan.

Sacó una cuerda de su bolso y le hizo un nudo. La lanzó al otro lado del río, intentando de enlazar el tronco en vano.

Lo intentó muchas veces, pero la cuerda se hizo pesada a causa del agua, y cada vez tuvo mayores dificultades para lanzarla.

Se arrodilló, cerró los ojos, y sintió un dolor agudo en los brazos y en la espalda.

Pensó seriamente en claudicar.

Miró el río y se concentró en el tronco como si fuera lo único que existiera. Permaneció concentrado, lanzó la cuerda y esa vez cayó sobre el tronco. La haló varias veces para apretar el nudo.

Luego se adentró en las aguas turbulentas y avanzó lentamente hacia la otra orilla.

En dos ocasiones estuvo a punto de resbalar, pero se agarró de la cuerda que había asegurado a ambos lados del río. Esto le salvó la vida.

Finalmente logró cruzarlo y escaló lentamente la orilla escarpada del río.

Levantó los brazos y gritó: —¡Sí!

Se rió. Aunque todavía estaba en el valle, sintió como si estuviera en la cumbre.

Y entonces entendió lo que puede llegar a ser un pico personal:

Un pico personal
consiste en derrotar
al miedo.

El joven sonrió. Haber superado el miedo era una sensación maravillosa. Decidió descansar un poco antes de empezar a escalar el pico.

Se preguntó por la diferencia que hay entre desear un futuro mejor y seguir una visión sensible. Luego comprendió que la diferencia está en *ponerla en práctica.*

«El deseo no conduce a ninguna acción», pensó. «Pero si realmente tienes una visión sensible, *harás* todo lo necesario para que se haga realidad. No es que te obligues a ti mismo; simplemente sientes tantos deseos de *hacerlo*, que haces cosas que no creías poder realizar».

El joven estaba comenzando a entender lo que había querido decir el anciano cuando le habló de *seguir realmente tu propia visión.* Eso significaba ser fiel a tus deseos y hacer lo necesario para llegar allá; es decir, ¡reconocer la *verdad!*

Comenzó a percibir cada vez más que el miedo atrapa y la verdad ayuda a alcanzar el éxito.

Sonrió y vio de nuevo el pico alto.

Se puso de pie con renovado entusiasmo y reanudó la marcha. Notó que cuando comenzó a seguir su visión sensible, obtuvo una mayor energía y confianza.

A medida que subía, ponía los pies en rocas que se desmoronaban y que lo hacían retroceder. Pero eso no lo detuvo.

Sonrió a medida que avanzaba, pues iba rumbo al pico más alto.

Después de lo que le pareció un largo tiempo, se vio iluminado por el sol en la cima de la montaña.

Llegó a un lago muy hermoso, rodeado de inmensos árboles. La brisa era fresca y se sintió más liviano.

Luego miró el valle que había dejado atrás. Sabía que las dificultades por las que había pasado para cruzarlo hacía que ahora todo fuera mejor.

Pensó en su propio valle y recordó su vida y su trabajo.

Pensó en sus padres, en sus amigos y en la joven por la que se interesaba. Recordó que había sentido miedo, aunque muchas veces no había sido consciente de esto.

Había sentido miedo de no simpatizarles a sus amigos, de que su padre no lo respetara, de que la joven dejara de interesarse en él, de perder su empleo y ser considerado como un fracasado. Seguramente también tenía miedo de otras cosas.

Había sido un tonto al dejar que el miedo controlara su vida con tanta frecuencia y que no le permitiera ver la verdad.

Finalmente sintió que estaba comenzando a vivir la filosofía de los picos y valles. Consideró que era «una filosofía muy depurada».

«Es una forma de ver las cosas», pensó, «y no menos importante, también es una forma de *hacer* las cosas».

El anciano también le había dicho: «*Hazte amigo de la realidad*». Sintió que estaba empezando a comprender el significado que podía tener para él.

El dolor que había sentido en el valle le hizo descubrir algunas verdades que había ignorado.

Asimismo, percibió que cuando enfrentaba y *aceptaba* la verdad, podía sacarle provecho.

Luego exclamó: «¡A eso se refería el anciano cuando decía que debemos basarnos en *la verdad!*».

Esperó buscar la verdad con mayor frecuencia en lugar de seguir viviendo en la ilusión. Comprendió que podía construir unas bases más sólidas para el futuro si estaban asentadas sobre algo verdadero.

Pero lo que realmente le sorprendió fue experimentar el poder de crear y de seguir una visión sensible. Tal como lo había vaticinado el anciano, si tenemos una visión sensible podemos hacerla realidad.

Pensó que seguir su visión sensible era como mirar un mapa. Es un recurso práctico para llegar adonde quieres.

La visión que tenía del pico no sólo dispersó los miedos que lo habían minado en el pasado, sino que también le dieron la claridad y la fortaleza para seguir adelante.

—¡*Realmente* vale la pena volver a ponerlo en práctica! —dijo sonriendo. Le pareció importante y anotó en su libreta:

Creas un pico
cuando sigues realmente
tu visión sensible.

Entonces tus miedos desaparecen
y te vuelves más
pacífico y exitoso.

Se sentó y escuchó el susurro del viento contra los árboles, y el suave oleaje en la orilla del lago. Era tan agradable como lo había imaginado, o incluso mejor.

El joven sintió una sensación de libertad como nunca antes. Esperó compartir esa sensación con sus seres queridos.

Miró en dirección a su valle y anheló estar de nuevo en casa.

Pero antes quiso visitar otra vez al anciano e imaginó detalladamente qué sentiría al estar de nuevo con él.

Tenía suerte de haber hecho cambios en su vida cuando todavía era joven. «No es necesario ser viejo para adquirir sabiduría», concluyó.

Observó el valle y descubrió un atajo.

«Es sorprendente todo lo que se alcanza a ver desde un punto más alto», pensó. «Creo que el secreto consiste en que cuando estás en un valle, debes imaginar que ves lo mismo que verías desde una cumbre».

Le agradó la posibilidad de hacer descubrimientos en el valle, para que el próximo fuera menos doloroso y quizá más benéfico.

Pensó en tomar el atajo para visitar al anciano. «Ahora que conozco un camino mejor, el tiempo que pase en el valle no será tan doloroso», concluyó.

Se sentía impaciente por ver de nuevo a su viejo amigo.

7

Compartir

El joven llegó a la cima en las primeras horas de la tarde. Tan pronto vio al anciano, corrió a abrazarlo.

El anciano se rió: —Vaya forma de saludarme. ¡Casi no te reconozco! Poco te pareces al joven que llegó aquí por primera vez. Ha sido todo un viaje, ¿verdad?

—Sí —respondió el joven—. Llegar a la cumbre más alta me tomó mucho más tiempo del que yo esperaba.

—Me refería a que la *vida* es todo un viaje.

—¡Ah! —exclamó el joven—. Claro que lo es.

Luego le contó lo que había hecho desde su partida.

El anciano le preguntó: —¿Cuáles crees que son las cosas más importantes que has descubierto?

—Bueno… —dijo el joven—. He aprendido que no basta con saber y hablar de picos y valles, como me sucedió cuando regresé por primera vez a mi valle. Es necesario sentirlos y vivirlos. Y mientras más lo hagas, más cosas aprenderás y sabrás, y más pacífico y exitoso serás.

»También he aprendido que los momentos buenos así como los malos son verdaderos regalos, y que pueden ser muy valiosos si aprendo a manejarlos bien.

»Pasé mucho tiempo buscando la verdad cuando estuve solo en el pico más alto. Ahora siento verdaderos deseos de ver de nuevo a mis familiares y amigos. He comprendido que también tengo que aprender mucho de ellos.

El anciano sonrió: —Creo que también aprendiste algo más.

—¿A qué te refieres?

El anciano dijo: —Has aprendido un poco de humildad. Me alegra que lo hayas hecho, porque ahora tendrás más probabilidades de permanecer más tiempo en tus picos.

El joven se limitó a sonreír.

El anciano dijo: —¿Recuerdas cuando me dijiste lo infeliz que te sentías viviendo en tu valle y que nada parecía funcionarte allá?

—Sí—respondió el joven, un poco avergonzado—. Dije eso porque en aquel momento no entendía que mi valle era una oportunidad para crecer y crear algo mejor en mi vida. Estaba tratando de escapar del valle, y no de aprender de él. Ahora veo que cuando me salgo de mí y percibo los regalos que están ocultos en el valle, éstos me pueden llevar a un lugar diferente y mejor —agregó.

El joven pensó un poco más y dijo: —No sé si sea cierto, pero me parece que el propósito del pico es celebrar la vida, mientras que el del valle es aprender de ella.

El anciano sonrió: —Eso está bien. Por la claridad de tus ojos veo que has descubierto muchas cosas sobre los picos y valles.

El joven dijo: —¿Puedes ver todo eso?

El anciano se rió.

—¡No es nada difícil! —le dijo, y luego preguntó—: Dime, ¿qué sucedió cuando llegaste al fondo del valle? Es muy profundo.

El joven bajó la mirada y recordó lo sucedido.

—Llegué a un río turbulento que parecía muy difícil de cruzar. Por poco me doy la vuelta y regreso —dijo—. Creí que fracasaría. Pero entonces recordé que son nuestros miedos los que nos mantienen atrapados. Más importante aún; descubrí que realmente *puedo* transformar un valle en un pico si dejo el miedo a un lado y me salgo de mí mismo.

—¿Cómo? —el anciano estaba intrigado—. ¿Qué hiciste?

—Recordé que la mejor forma de llegar a mi próximo pico es creando y siguiendo una *visión sensible* que tenga *sentido*, y que sea realista y accesible. Utilicé los cinco sentidos para imaginar que disfrutaba del placer de estar en el pico más alto. Imaginé lo que podía ver, tocar, probar, oler, y escuchar. Y entonces el miedo que sentía se desvaneció, y me llené de energía y entusiasmo para hacerlo realidad. Mantuve mi visión sensible hasta que descubrí la forma de llegar allá. Utilicé una cuerda para enlazar un tronco que había al otro lado del río y alcanzar la otra orilla —dijo, restándole importancia a las dificultades que había tenido—. Llegué a la otra orilla y luego subí hasta el pico.

El anciano le preguntó: —¿Y cómo es?

Al joven le brillaron los ojos: —Es... sorprendente.

El anciano se rió.

—¿Sorprendente en qué sentido?

El joven observó la cumbre alta en la distancia.

—¡Es impresionante! Pude ver el valle que había cruzado, al igual que esta cumbre.

El joven miró al anciano.

—Pero lo más importante que logré entender fue porqué utilizas tanto la palabra *realmente.* Por ejemplo, cuando dices que *realmente* debemos valorar y administrar las buenas épocas, así como aprender *realmente* de las malas, y a esforzarnos para hacer las cosas lo mejor posible, te estás refiriendo a ver *la verdad.* No aquello que deseamos o tememos que suceda, sino a lo que es realmente cierto sobre una época buena o mala.

»Espero que de ahora en adelante pueda experimentar mis futuros picos y valles sintiendo un mayor interés por encontrar la verdad. Me preguntaré, *¿cuál es la verdad de esta situación en la que estoy?*

El anciano dijo: —Siento destellos de verdad cada vez que escucho alguna, mientras que a otros se les pone la piel de gallina.

El joven se rió y le agradeció al anciano. Siguieron conversando hasta que el joven emprendió el camino de regreso a su valle.

Se despidieron sin saber que era la última vez que se verían.

8

Utilizando los picos y valles

Cuando regresó a su valle, sus familiares y amigos notaron que el joven había cambiado mucho. Disfrutaron más su compañía, aunque no supieron por qué.

Sin embargo, la situación en el trabajo había empeorado. La compañía estaba perdiendo incluso más dinero que antes.

El joven pensó en los días en que había comenzado a trabajar en aquella compañía próspera, y se preguntó por qué habían cambiado tanto las cosas desde aquel entonces.

Recordó la emoción que sentían al buscar fórmulas para mejorar cada aspecto del negocio. Muchas veces hacían preguntas, para las cuales ya tenían, sin darse cuenta, las respuestas.

Pero el éxito se les subió a la cabeza. Ya no hacían aquello que los había catapultado al éxito. Habían perdido ese sentido de urgencia y curiosidad.

Al contrario, a medida que empeoraban las cosas, muchos empleados se volvieron ansiosos o se llenaron de rabia. Si intentaban solucionar las cosas, su energía se iba por los caminos equivocados, culpaban a los demás o adoptaban una actitud defensiva.

Así las cosas, era apenas natural que la compañía no pudiera salir de su valle. Los pensamientos y gestos de muchos de sus empleados estaban, en realidad, profundizando y expandiendo el valle.

El día que regresó a la compañía, fue recibido con una mala noticia que todos temían.

Su compañía era la fabricante exclusiva de un producto único y muy rentable. Pero ahora, una compañía mucho más grande había incursionado en ese campo y elaborado un producto similar a un precio más bajo.

Dicha compañía podía sacarlos fácilmente del mercado, gracias a una masiva campaña publicitaria.

La compañía del joven desarrolló otra campaña en señal de respuesta, pero pocos creyeron que tendría éxito.

El joven se reunió con los integrantes de su departamento y les pidió que pensaran en dos preguntas:

¿Cuál era la verdad de esa situación? ¿Cómo podían utilizar los aspectos positivos que permanecían ocultos en ese momento difícil?

Invitó a todos los integrantes del equipo a que dieran sus mejores respuestas en una reunión de emergencia programada para la mañana siguiente.

Al comienzo de la reunión, una mujer dijo: —Nadie sabe más sobre este producto que nosotros. Nuestros clientes han utilizado el producto durante más tiempo que nadie.

Otra persona añadió: —Es innegable que tienen un gran presupuesto para su campaña publicitaria. Necesitamos hacer algo para lo cual estemos más capacitados que ellos.

El equipo coincidió en que ambas aserciones eran ciertas.

El joven les preguntó: —¿Dónde está entonces el aspecto positivo que podemos utilizar para nuestro beneficio en este mal momento?

Un veterano de la compañía dijo: —¿Qué tal si nos concentramos en estar por encima de nuestros competidores elaborando un producto mucho mejor que el suyo?

Los miembros del equipo descubrieron entonces el aspecto positivo que estaba oculto: La masiva campaña publicitaria de la competencia haría que el producto llegara a más gente, pero *ellos* podían elaborar un producto mejor.

De cierto modo, la competencia les haría publicidad gratuita.

El joven les preguntó a los miembros del equipo si estaban dispuestos a crear y a seguir una *visión sensible,* una imagen de un futuro mejor que tuviera sentido.

Todos estuvieron de acuerdo y comenzaron a imaginar de manera detallada y realista cómo podrían mejorar el producto, de tal manera que los clientes lo valoraran tanto que lo compraran sin pensarlo dos veces, y después de utilizarlo les hablaran a otras personas de él.

El equipo imaginó que escuchaban a los clientes, descubría lo que *realmente* querían, y que compartía con el resto de la compañía lo que habían aprendido.

¡Y entonces lo *hicieron!* Escucharon a los clientes, agregándole al producto las características que éstos pedían. Cuando empezó la campaña publicitaria de la competencia, la compañía del joven había mejorado notablemente el producto, y muchos clientes nuevos comenzaron a comprarlo.

Adicionalmente, adquirieron una buena reputación gracias a su servicio, y a medida que el rumor se propagó, la situación de la compañía mejoró.

Los empleados sintieron una mayor estabilidad laboral.

El joven compartió lo que había aprendido sobre los picos y valles con sus compañeros de trabajo.

Hablaron sobre esto y comprendieron que su antigua arrogancia los había hecho caer de la cima que habían alcanzado, y juraron que no volverían a ser tan confiados.

El joven y su equipo recibieron un aumento, y continuaron buscando nuevas formas de ayudar a la compañía. Continuaron formulándose preguntas sin creer que sabían las respuestas de antemano.

El joven se alegró al ver que su compañía estaba de nuevo en un pico, pero también sabía que era muy fácil caer en un valle si no sabían administrar ese buen momento.

Recordó lo que había aprendido:

Si quieres permanecer más tiempo en un pico, debes ser humilde y agradecido. Debes insistir en aquello que te condujo allá. Debes hacer las cosas lo mejor posible, ayudar a los demás, y ahorrar recursos para los valles futuros.

El joven sonrió, pues sabía que finalmente estaba aprendiendo a manejar sus buenos momentos.

Ya había decidido que haría las cosas de un modo diferente, y que ahorraría e invertiría una parte de su aumento salarial para sortear los valles que seguramente encontraría en su camino.

Un día, el joven se sorprendió y se alegró al enterarse de que había sido ascendido.

Quería compartir esta noticia con su familia y con la joven que le gustaba.

Pero luego se desanimó.

La última vez que había compartido una buena noticia laboral, las cosas no le habían salido bien.

Recordó que cuando tuvo éxito en el pasado, había sido muy arrogante y no se dio cuenta de ello.

Recordó cómo sus amigos habían comenzado a evitarlo, incluyendo a la joven que le gustaba.

Ahora él tenía miedo de que su actitud presuntuosa arruinara su relación con ella.

Pero en lugar de sentirse desanimado por esto, decidió aplicar su nueva estrategia de los picos y valles.

«Si pierdo a esta persona», se dijo a sí mismo, «confiaré en que ese valle también guarda un bien oculto».

«O mejor aún, tal vez pueda construir una mejor relación con ella si aprendo a ser más humilde y mucho más amoroso».

Luego se rió de sí mismo: —¿Un *poco* más humilde? —dijo en voz alta.

Decidió entonces que quería ser una persona más amorosa y agradable.

Pensó que si era más amoroso —si reemplazaba el miedo con amor— tendría más probabilidades de *ser* amado, y de asegurar una relación verdaderamente satisfactoria en su vida.

En los días siguientes, el joven creó otra *visión sensible.* Imaginó que se convertía en el tipo de persona con la que a la joven le gustaría estar.

Imaginó con todo detalle los progresos que haría. Se transformaría en alguien que no se tomara a sí mismo con tanta seriedad, un ser divertido que al mismo tiempo se preocupaba por alcanzar la excelencia en su trabajo y en su vida.

Sería un hombre a quien le gustaría marcar una diferencia en el mundo, así fuera pequeña, pero significativa. Y nunca más ignoraría a las personas más cercanas a él.

El joven comenzó por no contarle esto a nadie. Simplemente conservó con claridad dicha imagen y sensación en su mente y en su corazón.

Luego *hizo* lo que estaba a su alcance para lograr esto, comenzando con pequeñas cosas. Con el paso del tiempo se transformó en el hombre que había imaginado.

Recordó que hace mucho tiempo había preguntado: *¿Cómo haces para administrar un valle?*

Y entonces escribió la respuesta en su libreta:

Saldrás más rápido de un valle
si dejas de concentrarte
tanto en ti mismo:

Prestando un mejor servicio
en el trabajo,

y siendo más amoroso
en la vida.

Una noche, antes de asumir su nuevo cargo, sus padres le hicieron una pequeña celebración. La mayoría de sus amigos asistió, incluyendo a la joven, quien ya le había tomado un verdadero aprecio.

El joven le preguntó a su padre cómo había sido su vida cuando era joven. Y mientras escuchaba las historias que le relató su padre sobre algunos picos y valles personales que había encontrado en su camino, el joven comprendió que su padre también tenía una sabiduría propia.

Ambos se fueron acercando con el paso del tiempo.

El joven siguió triunfando en su trabajo y sus padres se alegraron por él.

Aún discutía con ellos en ciertas ocasiones, pero se había vuelto menos defensivo y sus argumentos eran más razonables, tanto así que muchas veces daban paso a interesantes discusiones.

El joven hizo muchos descubrimientos. Uno de los más útiles era sorprendentemente simple: Que si no sabía cómo salir de un valle, le bastaba con recordar que los picos y valles están opuestos entre sí. Pensó entonces qué había hecho para estar en un valle, e hizo justamente lo contrario para obtener los resultados opuestos.

Esto era completamente obvio, pero no dejó de sorprenderse por lo bien que funcionaba.

Cuando se hizo mayor, comenzó a atravesar sus valles con mayor gracia y serenidad.

A pesar de sus muchas ocupaciones, el joven sacaba tiempo para caminar por las praderas de su valle, muchas veces en compañía de la joven que le interesaba.

Un día, el joven recibió la dolorosa noticia que temía recibir tarde o temprano. El anciano del pico había muerto.

Todas las personas que lo habían conocido dijeron que podían sentir su presencia, especialmente cerca de la cima, y el joven siguió extrañándolo mucho tiempo después de su muerte. El joven miró el valle. Le preocupó quedarse para siempre sin una parte de su vida, pues se había apegado mucho al anciano, y comenzó a sentirse solo y triste.

Sintió el dolor de su corazón, y se preguntó cuál era la verdad.

Luego imaginó la voz del anciano que decía: *Un valle es un momento en el que anhelas lo que no tienes...*

Entonces se rió y terminó la frase con un susurro: *Y un pico es un momento en el que valoras lo que tienes.*

Pensó en qué cosas tenía dignas de valorar.

La verdad es que ahora vivía y trabajaba de un modo que le proporcionaba más paz y éxito tanto en los momentos buenos como en los malos.

Era algo que había aprendido de su viejo amigo.

Sabía que acababa de salir de un valle personal, pues había pensado que el anciano debería estar junto a él, compartiendo su sabiduría y su entusiasmo por la vida.

Pero ahora, el joven respiró profundo y pensó en lo que era *real,* no en lo que él quería o esperaba que fuera real.

La verdad era que el anciano le había dado regalos que en caso de aplicarlos, le serían de mucha utilidad a él y a sus allegados durante muchos años.

De cierto modo, una parte del anciano habitaba *dentro* de él, y sabía que nunca lo abandonaría.

Los ojos se le humedecieron. Sintió tristeza y alegría al mismo tiempo por haber tenido un amigo tan bueno.

Comprendió que su trabajo y su vida siempre serían una cadena de picos y valles.

Tendría épocas de altibajos financieros, emocionales y espirituales; gozaría de buena salud pero también padecería enfermedades, y sentiría tanto alegría como dolor.

Aceptó que este patrón repetitivo era parte de la complejidad del hecho de estar vivo.

Pero ahora sabía que utilizar la estrategia de picos y valles realmente le ayudaría a aprovechar al máximo los buenos y los malos momentos de la vida.

Pensó en lo mucho que habían cambiado su trabajo y su vida, y lo agradecido que estaba con su viejo amigo. Luego recordó la promesa que le había hecho el día en que lo conoció.

—Te hablaré sobre los picos y valles —le había dicho el anciano—, bajo la misma condición que me pidió mi amigo; es decir, que si te parece útil, tratarás de compartir esto con los demás.

El joven pensó que se había esforzado al máximo en ese sentido, pero ahora sentía que quería ir más allá. Quería encontrar una mejor forma de compartir los regalos que le había dado el anciano.

Entonces se dirigió a la cabaña que tenía un amigo suyo al lado del río, donde podría estar solo y meditar.

Se preguntó cuál era el aspecto más importante de la estrategia de los picos y valles. Pensó en sus propias experiencias y leyó de nuevo las notas que había tomado. Había muchas cosas que le parecían útiles e importantes.

Entonces comenzó a escribir un resumen de lo que consideraba más valioso. Lo condensó de tal manera que cupiera en una pequeña tarjeta.

Pensó en compartirlo con quienes realmente quisieran saberlo.

Luego sonrió al advertir que la tarjeta también sería un recordatorio útil para *él*, pues le ayudaría a utilizar con mayor frecuencia los notables principios y herramientas de los picos y valles.

En los días y meses que siguieron, encontró varias oportunidades para compartir el resumen con otras personas.

Cómo Utilizar Los Picos y Valles En El Trabajo Y En La Vida

Para Administrar Los Momentos Buenos Y Malos:

Hazte amigo de la realidad

Bien sea que te encuentres temporalmente en un pico o en un valle, pregúntate: *¿Cuál es la verdad de esa situación?*

Para Salir Más Rápido De Un Valle:

Encuentra y utiliza el aspecto positivo que esté oculto en un momento malo

Relájate, pues todos los valles tienen un fin. Haz exactamente lo contrario de aquello que te condujo a un valle. Deja de concentrarte tanto en ti mismo: Sé más servicial en el trabajo y más amoroso en la vida. No hagas comparaciones. Descubre lo bueno que está oculto en un momento malo, y utilízalo para tu propio beneficio.

Para Permanecer Más Tiempo En Un Pico:

Valora y maneja con sabiduría tus momentos buenos

Sé humilde y agradecido. Sigue haciendo aquello que te condujo allá. Continúa haciendo las cosas cada vez mejor. Haz más cosas por los demás. Ahorra para tus valles futuros.

Para Llegar A Tu Próxima Cima:

Sigue tu visión sensible

Imagina con todo detalle que estás disfrutando de un futuro mejor y no tardarás en disfrutar al *hacer* aquello que te conducirá allá.

Para Ayudarles A Los Demás:

¡Comparte con los demás!

Ayúdales a aprovechar los momentos buenos y los malos.

9

Disfrutar un pico

Varias décadas después, el joven era un anciano.

Permanecía la mayor parte del tiempo en su propio pico, aunque ocasionalmente regresaba al valle.

Un día, después de almorzar, se sentó en un árbol para disfrutar de la vista majestuosa.

Pensó en su vida y recordó que cuando era joven, había creado muchos de sus momentos buenos y malos sin advertirlo.

Recordó con afecto al anciano que había compartido con él las estrategias invaluables para enfrentar los altibajos que se presentaban en su camino.

Esto había marcado una diferencia extraordinaria en su trabajo y en su vida. Se había vuelto un ser notablemente pacífico y exitoso tanto en los momentos buenos como en los malos.

Recordó lo mucho que le debía al anciano.

Entonces sonrió al recordar cuando le decía que el verdadero crédito corresponde a la persona que lo sabe aplicar y *utilizar* en su vida.

Luego escuchó un sonido y se dio vuelta.

No vio nada y siguió inmerso en sus pensamientos.

Valoró el tiempo que había estado en el valle. Pero prefería pasar la mayor parte del tiempo en el pico más alto, donde había construido una gran casa.

Le gustaba invitar a sus familiares y amigos. Había adquirido fama de ser un anfitrión generoso y un buen amigo.

Y también llevaba muchos años felizmente casado con aquella mujer especial que lo amaba profundamente.

El hombre comprendió que lo importante no era *dónde* viviera una persona, sino *cómo*.

No importaba si se vivía en un valle fértil como el de sus padres, o en un pico imponente como el suyo.

Ahora estaba poniendo en práctica lo que había aprendido: Que una vida rica y agradable es un paisaje cambiante de picos y valles. Concluyó que su aventura por la vida no sólo había sido plácida, sino que también había alcanzado su destino mucho antes de llegar.

Sonrió.

El sonido que creía haber escuchado hacía un momento se hizo más fuerte y cercano.

Miró y vio a una joven sorprendida que le dijo:

—Disculpe. No quise interrumpirlo.

Ella le contó que acababa de subir al pico después de realizar un largo viaje desde su casa en el valle. Parecía completamente extenuada.

Empezaron a conversar, y a ella le sorprendió descubrir que le estaba contando a un desconocido todas las dificultades que tenía en su valle.

Sin saber muy bien porqué, la joven sintió que el anciano era una persona especial y no se dio cuenta de que acababa de conocer a una de las personas más pacíficas y exitosas del mundo, aunque sólo pareciera un anciano amable.

A medida que el día transcurrió, comenzaron a hablar sobre lo que el anciano llamaba la estrategia de los picos y valles. Dijo que era una filosofía depurada, una forma de ver y de hacer las cosas, que brinda más calma y éxito en los momentos buenos y en los malos.

El anciano notó que ella lo escuchaba atentamente y esperó que ella pusiera en práctica sus descubrimientos a una edad más temprana que él.

El anciano pensó: «*Nunca es demasiado pronto para aprovechar al máximo los momentos buenos y los malos*».

Cuando ella le pidió que le contara más, el anciano aceptó con una condición.

La joven no tardó en responder: —De acuerdo. Si veo que me funciona como parece haberte funcionado a ti, estaría encantada de…

Compartirlo con los demás.

Fin.

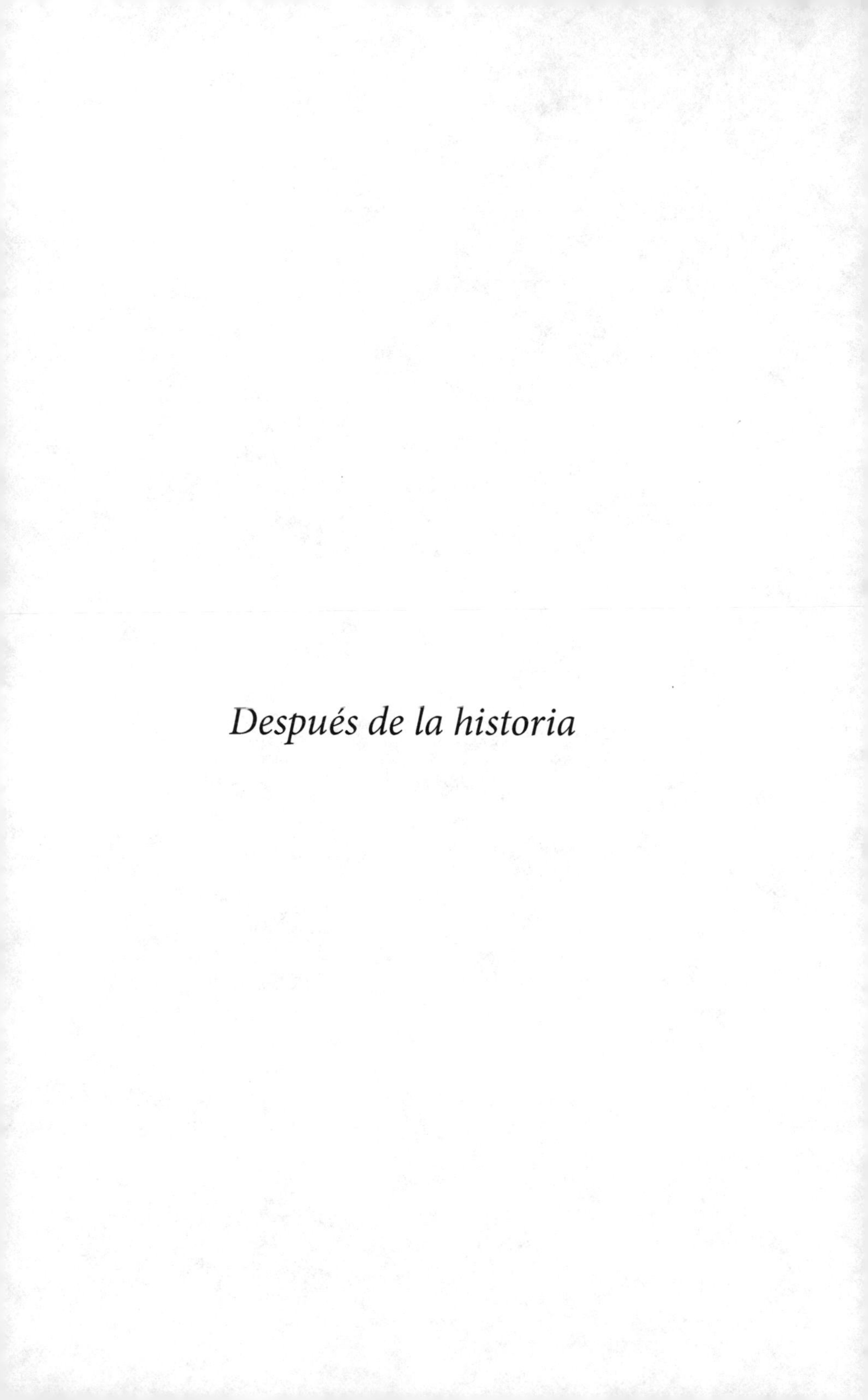

Después de la historia

Michael asintió cuando Ann terminó la historia. Parecía extraviado en sus propios pensamientos.

Finalmente dijo: —Me has dado mucho en qué pensar. Creo que realmente me estoy preguntando cómo puedo aplicar esa historia en mi propia vida. Mi situación es complicada.

Ann asintió.

—Yo también me sentí así cuando escuché la historia por primera vez. Tal vez haya sido yo quien haya complicado las cosas.

—¿Por qué lo dices? —preguntó Michael.

—Mientras más pensaba en la historia, más me parecía que tenía... mucho sentido común.

—Es interesante —dijo Michael mientras bebía un sorbo de café—. Bueno —agregó—, fue muy generoso de tu parte haber compartido la historia conmigo. Espero poder recordarla y encontrar la forma de aplicarla.

Ann sacó una pequeña tarjeta de su cartera y le dijo: —Mira, esto podría serte útil.

Michael vio que era un resumen de la estrategia de los picos y valles para administrar los momentos buenos y los malos.

—Muchísimas gracias —le dijo.

Ann sonrió.

—Con mucho gusto. Además, le prometí a la persona que me contó la historia, que cuando tuviera la oportunidad, yo...

—¿La compartirías con los demás?

Ann sonrió.

—¿Cómo lo adivinaste?

Durante los días siguientes, Michael se preguntó cómo podía utilizar lo que había entendido de la historia para solucionar algunos problemas reales que estaba teniendo.

La compañía de software donde trabajaba había comenzado a contratar gran parte de su trabajo en el exterior. Él tenía la sensación de que pronto se quedaría sin empleo.

¿Qué aspecto positivo habrá en este mal momento? En realidad no podía ver nada bueno.

¿Cuál es la verdad de esta situación? La verdad es que él era bueno en lo que hacía. Pero también era cierto que lo que él hacía ya no tenía un gran mercado.

Prestar un mejor servicio. ¿Cómo podía aplicar eso a su situación?

Los picos y los valles están conectados. Las cosas sabias que haces en los valles de hoy crean los picos del mañana.

¿Sería que su compañía se estaba rezagando? Tal vez necesitaban evaluar de nuevo cómo podrían prestarle un mejor servicio a sus clientes.

Tal vez era el momento de imaginar el próximo pico de una manera detallada y realista.

Michael empezó a compartir estos pensamientos con algunos compañeros que parecían abiertos a nuevas ideas.

Conformaron un grupo de trabajo y descubrieron varias maneras innovadoras de prestarle un mejor servicio a un mayor número de clientes.

Ellos *hicieron* lo que estaba a su alcance para obtener resultados, y marcaron una gran diferencia.

Las cosas comenzaron a mejorar en el trabajo y Michael pensó en su hogar.

La relación con su esposa Linda no era la mejor. El estrés que ambos tenían en sus trabajos, así como los momentos difíciles a nivel financiero, habían cobrado un alto precio en su matrimonio.

Michael recordó lo feliz que había sido cuando se casaron.

Insiste en aquello que te condujo allá.

¿Qué los había conducido a ese lugar feliz? ¿Qué necesitaban hacer con más frecuencia?

Recordó que acostumbraba percibir muchas cosas sobre Linda que a él le gustaban y valoraba. ¿Sería que ahora estaba dando esas cosas por descontadas?

Pensó en la forma de no concentrarse tanto en sí mismo y en ser más amoroso. Comenzó a hacer pequeñas cosas por ella, y Linda no tardó en notarlo.

Posteriormente él le contó la historia de los picos y valles y el impacto que le había causado.

—Las cosas han mejorado mucho entre nosotros... —dijo. Hizo una pausa, y Linda completó la frase—: Pero todavía estás en un valle muy profundo con Kevin.

Michael asintió. Él y su hijo adolescente estaban en tan malos términos que casi no se hablaban.

Michael deseó que Kevin se tomara más en serio el estudio y que no le dedicara tanto tiempo a tocar música con sus amigos.

Llevaba varios días pensando en esto, y se preguntó: *¿Cuál es la verdad de esta situación?*

La verdad era que a él no le gustaba que su hijo se interesara en la música, pero al chico le encantaba.

El deseo no conduce a ninguna acción. Michael sabía que no podía esperar que las cosas fueran como él quería, y que debía *hacerse amigo de la realidad.*

Decidió crear una visión sensible para ambos. Imaginó qué tipo de padre quería ser y qué clase de amistad quería tener con su hijo. No podía controlar lo que hacía su hijo, pero sí sus propios actos.

Imaginó que iba a un concierto donde tocaba el grupo de Kevin; el sonido del público aplaudiendo y aclamándolos, y la expresión de orgullo y felicidad en el rostro de su hijo, y lo que sentía cuando le daba un fuerte abrazo después del concierto.

Entonces, Michael comenzó a hacer las cosas que lo llevarían a esa cumbre que había creado en su mente.

Dejó de criticar a su hijo y comenzó a ir al sótano para escuchar los ensayos del grupo. Permanecía en silencio y se limitaba a escuchar y a sonreír, y luego se despedía con la mano.

Las cosas no sucedieron rápidamente, pero con el paso del tiempo Kevin empezó a responder al cambio de actitud de su padre.

Linda no tardó en notarlo y le preguntó a su esposo:

—¿Qué ha pasado con mi antiguo cínico?

Michael sonrió.

Linda comenzó a preguntarse si podría utilizar la estrategia de picos y valles en su trabajo.

La escuela donde trabajaba acababa de sufrir otro recorte de presupuesto, y la situación era tensa.

Un día, ella compartió la historia de los picos y valles con un amigo, a quien se le ocurrió una idea: ¿Por qué no enseñarle esa estrategia a los estudiantes?

Los dos conformaron grupos de estudio sobre los picos y valles, y se reunieron con los estudiantes después de clases para ayudarles a manejar los momentos difíciles y aprovechar al máximo los momentos buenos.

Muy pronto, la estrategia de los picos y valles tuvo un impacto en la vida de muchos niños, y también en la de los maestros. La estrategia se propagó a otras escuelas y Linda fue nombrada directora del programa.

Ella sintió una gran alegría de compartir las buenas nuevas con Michael. Una noche, celebraron yendo a cenar al pequeño restaurante donde Michael había escuchado por primera vez la historia de los picos y valles, narrada por Ann Carr.

Ellos sabían que sus trabajos y sus vidas habían mejorado, pero fueron lo suficientemente realistas para entender que podrían presentarse algunos momentos malos en el futuro.

Sin embargo, también sabían que ya tenían unos principios notables y estrategias prácticas para aprovechar al máximo los momentos buenos y los malos.

Y se sintieron bien al saber que tendrían muchas oportunidades de compartir esto con los demás.

Sobre el autor

Spencer Johnson, M.D., es uno de los pensadores más respetados, y uno de los autores más amados del mundo.

Sus once bestsellers internacionales incluyen los libros *Who Moved My Cheese?,*® *An A-Mazing Way to Deal with Change,* el libro más leído sobre el cambio, y *The One Minute Manager,*® el método más popular sobre administración en más de dos décadas, escrito en compañía de Kenneth Blanchard.

Con frecuencia se dice del Dr. Johnson que es "el mejor para tomar temas complejos y presentar soluciones simples que funcionan".

Recibió un B.A. en psicología de la Universidad de Southern California y un M.A. en medicina del Royal College of Surgeons, terminando sus prácticas en la Mayo Clinic y en la Escuela Médica de Harvard.

Se ha desempeñado como Leadership Fellow en la Escuela de Negocios de Harvard, y actualmente es Asesor del Centro para el Liderazgo Público de la Escuela de Gobierno John F. Kennedy de Harvard.

Su labor ha llamado la atención de los principales medios de comunicación, incluyendo la Associated Press, la BBC, CNN, *Fortune,* el *New York Times,* el *Today* show, la revista *Time, USA Today* y la United Press International.

Se han publicado más de cuarenta y seis millones de copias de sus libros alrededor del mundo en más de cuarenta y siete idiomas.